Recomendaciones para "EL MAPA DEL ÉXITO - Siete Pasos Para Llegar A Donde Siempre Has Soñado"

"Este libro puede ser un buen apoyo en aquellos momentos en que necesitamos tomar decisiones que podrían cambiar el rumbo de nuestra vida. De manera ágil y didáctica, provoca la reflexión e invita a actuar con determinación." – *María Lourdes López Flores, Profesora de Posgrado, Facultad de Ciencias Políticas, UANL, México*

"Esta pequeña obra maestra es de lectura obligatoria para todos los que quieren llegar a la cima. Es sencillamente la mejor expresión de los principios prácticos que nos preparan para planear nuestro viaje hacia el éxito." – *Marco Fuentes, Gerente de Operaciones, Alcoa Company, México*

"Excelente lectura, muy enriquecedora y sin duda alguna, motivante. Para decirlo en términos culinarios, es la receta perfecta para un platillo del que todos queremos degustar: el éxito personal." – *Gloria L. Martínez, Gerente Administrativo, Border Customs Service, USA*

"El libro es un excelente recurso para trazar y alcanzar tus metas. Es fácil de leer y te indica unos pasos sencillos de seguir. Sin embargo, tiene el poder de transformar tu vida. Lo digo porque su aplicación transformo la mía." –*Omar López, Director Asociado, Industria Financiera, USA*

EL MAPA DEL ÉXITO

SIETE PASOS PARA LLEGAR
A DONDE SIEMPRE HAS SOÑADO

Jessica Calderón

y

Rodolfo (Rudy) López

Mike:

Es un gran honor conocerte
y aprender de tu experiencia.
Que el Señor siga prosperando
tu ministerio.

Rodolfo

ISBN: 1530144493
ISBN-13: 978-1530144495

DEDICATORIA

Para mi madre, mi inspiración a servir a los demás. A mi esposo y mis hijos por siempre apoyarme en mis locuras. Nacimos para brillar, que este libro los inspire a hacerlo.
Jessica Calderón

Para Rick Husband, quien me abrió los ojos a lo que verdaderamente importa. Además dedico este libro a mi amada esposa Mary y mis hijos Nicolás y Sebastián. Que El Dador de Sueños los lleve confiadamente a realizar Su propósito para sus vidas. ¡Si es posible!
Rodolfo López

"Aquel que lleva en el corazón una visión maravillosa, un ideal noble, algún día lo realizará."
— James Allen

CONTENIDO

AGRADECIMIENTOS

Gracias Dios por todas las oportunidades, por mostrarme cada día que hay algo más. A mi amado Gustavo, gracias a ti soy mejor cada día. A mi mentor Paul Martinelli, quien creyó en mi cuando yo aún no podía. A mi mamá, esa eterna voz de calma en medio de la tormenta.

Jessica Calderón

Gracias Mary por tu apoyo incondicional—me has acompañado en las buenas y las malas, y tu amor me sigue sosteniendo. Paul Martinelli y Tyrone Jones, gracias por invertir en mi—ustedes me impulsaron a llegar más lejos de lo que yo creía posible. Gracias Mamá por sembrar las semillas de creer que en Dios todo es posible.

Rodolfo López

"El propósito de la vida es una vida con
propósito."
– **Robert Bryne**

INTRODUCCIÓN

¿Alguna vez te has preguntado qué es lo que hace que algunas personas tengan más éxito que otras? Quizás hoy mismo te estés preguntando por qué tú no has podido alcanzar las metas y sueños que te habías propuesto.

La mayoría de las personas eran grandes soñadores cuando eran niños. Muchos de nosotros soñábamos con ser policías, maestras, doctores, magos y hasta astronautas. ¿Qué soñabas tú?

Conforme pasa el tiempo, al pasar de la niñez a la adolescencia y llegar a la edad adulta, nos ocurren muchas cosas que forman en nosotros pensamientos limitantes. Nuestro entorno nos dice que dejemos de soñar. Dependiendo del entorno donde tú hayas crecido y vivido, es posible que hayas escuchado de tus padres, amigos, maestros, jefes, cónyuge y otras personas, que debes ser realista. Quizá más de alguna vez te han dicho: "Hay que poner los pies en la tierra"; "no se puede vivir de sueños"; "no construyas castillos en el aire". ¿Te ha pasado eso?

Con el tiempo dejamos de soñar y más bien comenzamos a enorgullecernos de ser realistas. Y no es que ser realista sea malo, pero lo que sí es lamentable, es que dejemos de soñar y aspirar a ser, hacer y tener más.

Fuimos creados con el potencial de alcanzar más, mucho más de donde estás ahora. Tu espíritu te dice que tú puedes más. Y tu espíritu no está errado porque tu Creador puso este sentimiento en ti.

Quizás tu programación realista te diga que ya no estás para esas cosas, que soñar es cosa de niños. O quizás pienses que es muy tarde para que alcances tus ideales y por lo tanto, optas por transferir tus mejores deseos y apoyo a otras personas alrededor de ti.

El propósito de este libro es ayudarte a recordar quien eres tú y lo que verdaderamente puedes lograr al conocerte mejor. Vamos a compartir contigo los SIETE PASOS PARA LLEGAR A DONDE SIEMPRE HAS SOÑADO.

Estos pasos funcionan sin importar tu edad, el lugar donde vives, tu nacionalidad, tu educación o tus ingresos. Si sigues estos pasos gradualmente tu vida irá mejorando. Irás logrando metas y alcanzando éxitos, y cuando menos lo esperes, verás tus sueños hechos realidad.

Esto no significa que este proceso sea mágico o fácil de seguir, pero si te atreves a soñar y a creer que es posible, al seguir estos pasos, lograrás tu sueño.

Empecemos…

"Los dos días más importantes de tu vida es el día en que naces y el día en que descubres por qué."
– Mark Twain

PASO 1: CONOCE TU PROPÓSITO

¿Para qué estoy acá?

Mi amigo Rick fue un niño como cualquier otro. Le gustaba jugar y ver televisión. Le gustaba soñar y pretender que iba a ser alguien importante. A la edad de 4 años Rick decidió que quería ser astronauta. Sus padres pensaron que era un sueño como el que muchos otros niños tienen. Pero conforme seguía creciendo su sueño siguió afirmándose.

Durante su adolescencia Rick investigó qué se requería para ser astronauta. A partir de esa corta edad, él consagró su vida a planear y crear un camino que lo llevara a lograr esa meta. Cada clase que tomó en la secundaria y preparatoria era para prepararse, para continuar con una licenciatura y una maestría en ingeniería. Rick sabía que los ingenieros tienen mayor probabilidad de ser seleccionados como astronautas.

Firmó un contrato con la Fuerza Aérea de Estados Unidos con la condición de que lo aceptaran para ser piloto. Ya siendo piloto, Rick reconoció que sus oportunidades de ser aceptado en la academia espacial aumentarían si se convertía en un instructor de vuelo y luego en un piloto de pruebas. También participó en un intercambio con la Fuerza Área Real Británica donde terminó adquiriendo experiencia en más de 40 tipos de aeronaves.

Después de casi 20 años de preparación, llegó el momento de solicitar su ingreso a la academia espacial. Rick tuvo que enfrentar varias dificultades para ser admitido, pero finalmente lo logró. El Comandante Rick Husband alcanzó su sueño de ser astronauta y tuvo varias oportunidades de ir al espacio.

Rick descubrió y persistió en su propósito hasta que lo logró. La gente decía que Rick estaba destinado a ser astronauta. Él era muy talentoso en las áreas requeridas para lograr el éxito que buscaba. Era como si todo su ser hubiera sido creado para lograrlo.

Cada persona ha nacido con un propósito único. Parte del vivir es dedicarse a encontrar y determinar cuál es nuestro propósito. Para algunos como Rick, es fácil hallarlo. Hasta parece que desde niños han sabido lo qué querían hacer en su vida.

*"Los dos días más importantes de tu vida es el día
en que naces y el día en que descubres por qué."*

– Mark Twain

Para otros es un camino difícil que más parece un laberinto. Sin embargo, si tomas un tiempo de análisis podrás darte cuenta que a través de tu vida has ido dejando pistas que te iluminan en cuanto a tu propósito. Una de las más grandes pistas es aquello que te apasiona.

Detente un momento y piensa en aquello que te hace levantarte emocionado en las mañanas, aquello que no quieres parar de hacer a pesar del hambre o del cansancio. Aquello que te toca el corazón y quizás te saca una lágrima. Sé curioso y tómate un tiempo para ver tu vida en retrospectiva.

Otra pista importante que está relacionada con tu pasión es saber aquello para lo que eres realmente bueno y talentoso. La sociedad nos ha enseñado a ser "humildes" y por eso ocultamos o no queremos reconocer aquello en que nos destacamos. No tengas miedo de reconocer que tienes características únicas que te destacan sobre los demás. Si fuiste creado con un propósito único que solo tú puedes realizar, entonces también fuiste equipado con las fortalezas naturales para ayudarte a lograr ese propósito. Cuando fluyes en tu propósito recibes la mayor satisfacción porque tu trabajo se vuelve fácil de realizar.

Recuerda: Lo más importante de la vida es darse cuenta que el propósito de la vida es vivir una vida con propósito.

"El propósito de la vida es una vida con propósito."

— *Robert Bryne*

Para llegar a la cima del éxito, tienes que identificar cuál es tu propósito—saber cómo quieres que se te recuerde al final de tu vida—y hacer que el día de hoy, y cada día que sigue, cuente para vivir de forma que tu propósito sea realizado.

Ejercicio: Conoce Tu Propósito - *¿Para qué estoy acá?*

1. ¿Qué me apasiona?

_____

_____

_____

_____

_____

_____

2. Si pudiera solucionar un problema en el mundo, ¿cuál sería?

_____

_____

_____

_____

_____

_____

3. ¿Qué es aquello que me conmueve hasta las lágrimas cuando no lo puedo realizar o resolver?

_____

_____

_____

_____

_____

_____

4. Si el dinero no fuera un problema, ¿a qué me dedicaría?

    _____

    _____

    _____

    _____

    _____

    _____

5. ¿Qué es aquello que siempre he querido hacer pero que no me atrevo porque "no da para vivir"?

    _____

    _____

    _____

    _____

    _____

    _____

6. ¿Cuáles son esas actividades que me hacen sentir lleno? ¿Cuáles son las actividades que me dan satisfacción?

    _____

    _____

    _____

    _____

    _____

En base a las respuestas anteriores puedo decir que mi propósito es:

_____

_____

_____

_____

_____

_____

_____

_____

_____

"Empieza con un fin en mente."
– Stephen Covey

PASO 2: IDENTIFICA TU NORTE

¿A dónde voy?

Hace tiempo unos amigos organizaron un evento en un restaurante de mi ciudad y me invitaron a asistir. Me dijeron el nombre del restaurante y el área donde estaba localizado.

Cuando llegó el día del evento, me subí al auto y empecé a manejar hacia el área donde yo creía que estaba el restaurante. Salí temprano de mi casa porque quería llegar a tiempo y me aseguré que el auto tuviera gasolina para no tener complicaciones.

Pensé que todo iba bien, pero no me tomé el tiempo de investigar la dirección ni de buscar en un mapa la ubicación correcta. Yo creía que al estar cerca del área, de alguna manera llegaría a mi destino.

Pero no fue así. Como no tenía claridad, me extravié y llegué tarde. Manejé alrededor del área y pasé muy cerca del restaurante, pero como no sabía la dirección correcta, no me di cuenta. Después de mucho tiempo decidí detenerme y buscar la ubicación precisa de mi destino. Cuando lo hice, en pocos minutos llegué a la reunión.

¿Te ha sucedido algo así? Aún a los que tienen buena orientación les puede ocurrir algo parecido.

Por ejemplo, si decides hacer un viaje de vacaciones por carretera, debes tener muy claro tu destino para poder llegar. Aun teniendo un mapa, no te será de provecho si no sabes a dónde vas.

Tener claridad del destino final es imperativo para poder llegar. Lamentablemente la mayoría de personas manejan por la carretera de la vida sin saber su destino. Algunos tratan de planear para no perder tiempo, pero sus intentos de planeación solo los llevan a puntos intermedios. Son buenos para llegar a estaciones de servicio o a algún lugar a medio camino, pero a la larga, no están orientados en la dirección correcta para llegar al destino final.

En el pasado, los navegantes se auxiliaban de una brújula para determinar el rumbo a seguir. La brújula siempre señala el norte magnético, lo que le permitía a los navegantes orientarse en la dirección a tomar al estar en mar abierto.

Tu "norte" es la visión de lo que quieres lograr en la vida. Piensa en los grandes líderes que han existido y te darás cuenta que la fuente de su éxito se originaba en gran manera en su claridad.

Por otro lado, observa aquellas empresas que fracasan y verás que la gran mayoría de ellas no tenían un norte claro que seguir. Al no tener una dirección clara invierten tiempo y recursos sin llegar nunca a algún lugar que valga la pena.

Igual sucede con la vida.

Si quieres llegar a algún lado, lo primero que debes hacer es tener una imagen clara de a dónde quieres llegar. El autor y conferencista Stephen Covey escribió en su famoso libro "Los 7 Hábitos de la Gente Altamente Efectiva" que uno de estos hábitos es *"Empezar con el fin en mente"*. En otras palabras, la gente exitosa diseña y vive su vida basada en qué legado quieren dejar.

"Empieza con un fin en mente"

— Stephen Covey

¿Para dónde vas? ¿Cuál es tu destino final? ¿Lo puedes describir con precisión o solo en términos generales? La gente de gran éxito tiene claridad de lo que busca. Tiene la certeza de lo que representa su destino final. Aunque suene increíble, ellos tienen una visión muy clara de lo que representa el fin de la jornada.

Quizás hasta ahora habías pensado que la manera correcta de vivir tu vida es planeándola y definiendo metas que puedas lograr. Sin embargo, cuando vamos de meta en meta, a pesar de ir logrando cada una de ellas, podemos darnos cuenta que, aunque avanzamos bastante en el recorrido de la vida, no vamos hacia el lugar que queremos alcanzar.

Una perspectiva parecida la comparte Stephen Covey cuando dice: "Hay personas que suben la escalera del éxito solo para darse cuenta que la escalera estaba recargada contra la pared equivocada". ¡Imagínate la sorpresa de muchos cuando llegan a los 50 o 60 años de edad y se dan cuenta que no están nada cerca de donde creían que estaban yendo!

"Hay personas que suben la escalera del éxito solo para darse cuenta que la escalera estaba recargada contra la pared equivocada."

— Stephen Covey

Toma el tiempo de visualizar cuál es tu norte. El cerebro piensa en imágenes, no en palabras. Por lo tanto visualiza lo que quieres lograr. No pienses en una imagen general, sino toma el tiempo de visualizar el detalle de cada cosa que buscas. Por ejemplo, si buscas tener una casa mejor, visualiza el tamaño, el número de habitaciones, su ubicación, etc.

Nuestro cerebro es un "órgano buscador de metas" que está diseñado con la capacidad para vencer barreras hasta lograr el objetivo. Al tener una clara visión de a dónde quiere llegar, el cerebro comienza a activar diversos mecanismos que le guían a lograr lo que se ha propuesto. Sin embargo, al tener falta de claridad, estos mecanismos no son utilizados, desperdiciándose grandes oportunidades.

"Los campeones no se hacen en gimnasios. Están hechos de algo inmaterial que está muy dentro de ellos. Es un sueño, un deseo, una visión."

– Muhammad Ali

Toma el tiempo para definir la visión de lo que quieres. Tu visión es una imagen del propósito que tienes para tu vida. Sé lo más detallado posible al describir tu visión.

Un buen ejercicio para empezar a crear esa visión clara es imaginarse que estás celebrando tu cumpleaños número 85. Es un gran logro y por lo tanto un gran evento. Imagínate con lujo de detalle tu celebración, ¿cómo es el lugar donde estas celebrando?, ¿cuántas personas están allí?, ¿quiénes están?, ¿cómo están vestidos?, etc. Ahora piensa un poco más y trata de escuchar qué es lo que cada una de esas personas piensa y dice de ti. Lo que dicen de tus logros en la vida.

El objetivo no es en visualizar basado en lo que hasta hoy has logrado. Más bien que puedes soñar e imaginar que todo sale bien en tu vida. No dejes que una mentalidad realista y pesimista te opaque. Piensa en que si tuvieras acceso a todos los recursos necesarios, ¿qué es lo que lograrías al final de tu vida?

Si eres una de esas personas que tienen dificultad en identificar su propósito (Paso 1), no estás solo. A decir verdad, la mayoría de personas en el mundo tienen dificultad con este paso. Si es tu caso, te recomiendo que pases el mayor tiempo posible definiendo la visión de tu destino. Entre más clara sea la visión, más podrás identificar factores y tendencias que te ayuden a aclarar tu propósito.

Al concluir este paso, tendrás clara la visión de tu destino. Asegúrate de capturarla detalladamente y ella será como el norte o la estrella polar que te guíe en la dirección correcta.

"Aquel que lleva en el corazón una visión maravillosa, un ideal noble, algún día lo realizará."

– James Allen

Ejercicio: Identifica Tu Norte - *¿A dónde voy?*

Yo tengo un sueño...

Martin Luther King Jr. inspiró al mundo con su sueño. Era un sueño imposible para muchos, pero para Martin Luther King Jr. fue una visión que podía hacerse realidad. Él tuvo la valentía de visualizar en gran detalle como la sociedad podía cambiar y fue tan real en su mente que cuando compartió el sueño con otros, ellos también podían imaginarlo como una realidad.

Todos tenemos un sueño y este sueño tiene el potencial de cambiar nuestro mundo. Puedes permitirte soñar y darte permiso de cambiar tu mundo. El ejercicio de escribir tu sueño te ayudará a clarificar tu visión.

> **¿Cuál es tu sueño?** Describe tu sueño en tiempo presente y con todos los detalles posibles abarcando todas las áreas de tu vida. Repite este ejercicio a diario por 10 días y verás cómo tu visión se aclara.

_____

_____

_____

_____

_____

_____

_____

_____

_____

_____

_____

_____

_____

_____

_____

_____

_____

_____

_____

_____

_____

_____

_____

"Las personas están ansiosas de mejorar sus circunstancias pero no están dispuestos a mejorarse a ellos mismos. Por lo tanto ellos permanecen encadenados a sus circunstancias."

PASO 3: DEFINE TU SITUACIÓN ACTUAL

¿En dónde estoy?

Hace tiempo escuché la historia de un hombre que fue a consultar a un adivino porque quería saber lo que su futuro le deparaba. El adivino le dijo que iba a ser pobre y miserable hasta los 40. "¿Y qué pasa después de los 40?", preguntó el hombre. "Te acostumbras", dijo el adivino.

Muchas personas han aceptado las condiciones donde se encuentran como si fueran normales. Algunos ni siquiera han pasado de los 40 años y simplemente aceptan la vida, ya ni hacen el esfuerzo de pensar dónde están y para dónde van. Esto no significa que no quieran mejorar. Si lo quieren, pero no están conscientes de lo que verdaderamente se requiere hacer para mejorar.

"Hay personas que mueren a los 25 y las entierran a los 75."

— Benjamín Franklin

Cuando empiezas a darte cuenta que no tienes que aceptar tus condiciones actuales y que puedes buscar un futuro mejor, entonces comprendes que el énfasis está en tomar acción; no esperar a que la vida te pase, sino tú pasarle a la vida.

Para crecer en la dirección de tus sueños debes ser intencional en saber en dónde estás hoy. Esto te dará una mejor idea del camino que tienes que recorrer.

Si vas a realizar un viaje con éxito debes conocer tanto tu origen como tu destino. Las personas pasan mucho tiempo meditando en el pasado y viendo el futuro con ansiedad. Pero no se detienen a ver en dónde están hoy.

La base de un crecimiento intencional es comprender que tú, y solo tú, eres responsable de tu vida. Muchas personas se ven atrapadas en circunstancias que no son congruentes con lo que ellas esperan de su vida. Lamentablemente el "día a día" las absorbe y no les permite ver el camino.

Es importante comprender que la gente exitosa se detiene a meditar y a planificar intencionalmente el lugar a dónde quieren llegar. Para ello hacen una evaluación consciente de la brecha que existe entre "dónde están" y "a dónde quieren ir", y determinan qué tan grande es la brecha y cuán largo el recorrido que tienen por delante.

Trabajar duro no es suficiente para mejorar tus circunstancias.

Debes trabajar duro en ti mismo y ser honesto en tu evaluación de las condiciones presentes. Hay personas que culpan a otros por sus circunstancias actuales aunque, consciente o inconscientemente, les han cedido el control de sus vidas.

> *"El hombre es el amo y responsable del pensamiento, forjador del carácter, generador y modelador de condiciones, entorno y destino."*
>
> — *James Allen*

Es una creencia conveniente decir que no podemos hacer nada para mejorar porque alguien más tiene el control y no nosotros. Digo conveniente, porque nos da permiso de no buscar el cambio o la mejoría. Nos decimos entonces que el sacrificio no vale la pena.

El famoso autor James Allen dijo que *"las personas están ansiosas de mejorar sus circunstancias pero no están dispuestos a mejorarse a ellos mismos. Por lo tanto, ellos permanecen encadenados a sus circunstancias"*. Para triunfar debes romper esa creencia y estar dispuesto a pasar por el proceso riguroso de evaluar dónde te encuentras y qué es lo que tienes que cambiar en tu vida.

> *"Las personas están ansiosas de mejorar sus circunstancias pero no están dispuestos a mejorarse a ellos mismos. Por lo tanto ellos permanecen encadenados a sus circunstancias."*
>
> *– James Allen*

Para lograrlo, haz un inventario de tu vida incluyendo preguntas profundas tales como:

1. ¿Qué resultados estás obteniendo hoy en tu vida?

2. ¿Qué estás haciendo hoy para desarrollarte personal y profesionalmente?

3. ¿Cómo están tus finanzas?

4. ¿Cómo están tus relaciones?

5. ¿Cómo está tu salud?

6. ¿Tu trabajo actual te satisface?

7. ¿Cuál es mi responsabilidad por el estado de las condiciones actuales en que me encuentro?

8. ¿Estoy dispuesto a dejar el pasado y aceptar mi responsabilidad para cambiar el presente?

Vivimos una vida integral y para ser exitoso debes comenzar por saber en dónde estás ubicado en cada aspecto de tu vida.

Ejercicio: Define Tu Situación Actual - *¿En dónde estoy hoy?*

1. ¿Qué resultados estoy obteniendo hoy en mi vida?

   _____

   _____

   _____

   _____

   _____

   ¿Qué estoy haciendo hoy para desarrollarme personal y profesionalmente?

   _____

   _____

   _____

   _____

   _____

2. ¿Cómo están mis finanzas?

   _____

   _____

   _____

   _____

   _____

3. ¿Cómo están mis relaciones familiares?

_____

_____

_____

_____

_____

4. ¿Cómo está mi salud?

_____

_____

_____

_____

5. ¿Me satisface mi trabajo actual?

_____

_____

_____

_____

_____

6. ¿Cuál es mi responsabilidad por el estado de las condiciones actuales que me encuentro?

_____

_____

_____

_____

_____

7. ¿Estoy dispuesto a dejar el pasado y aceptar mi responsabilidad para cambiar el presente?

_____

_____

_____

_____

_____

8. Mis áreas de mejora son:

_____

_____

_____

_____

_____

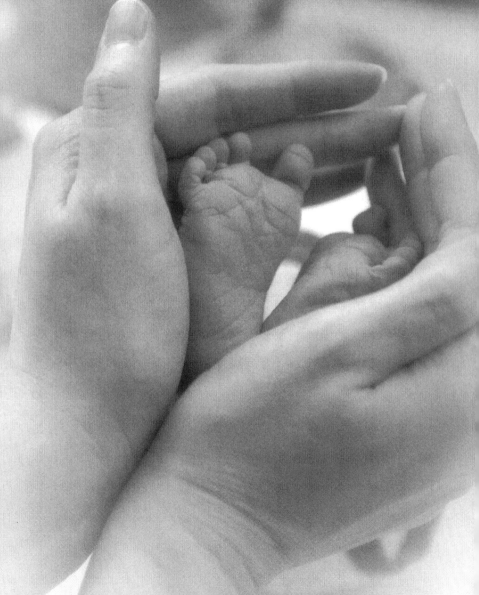

"Tú hiciste todo mi ser, tanto mis sentimientos como mi cuerpo, desde que me hiciste tomar forma en el vientre de mi madre. Te agradezco porque me hiciste de una manera maravillosa; sé muy bien que tus obras son maravillosas."
– Salmos 139: 13-14 PDT

PASO 4: CONÓCETE

¿Quién soy?

Larry Burkett, el fundador de la organización Conceptos Financieros Crown, se sentía frustrado durante sus sesiones de consejería porque muchas personas no alcanzaban el éxito personal y profesional al cual él trataba de orientarlos. ¿Qué estaba pasando? Larry inicialmente trataba de ayudar a sus clientes a ser mejores empleados, gerentes o dueños de negocios. Pero conforme pasaba el tiempo, a través de muchas sesiones de coaching, empezó a notar que conocer buenas prácticas financieras, administrativas y laborales no era suficiente para que sus clientes mejoraran.

A través de la organización Crown, Larry comisionó un estudio para determinar qué era lo que verdaderamente determinaba que las personas tuvieran éxito. Ese estudio constató lo que Larry ya sospechaba, no era la inteligencia o el conocimiento lo que determinaba quien iba a tener mayor éxito, sino el conocerse a uno mismo y vivir siendo quien fuimos creados para ser y no alguien más.

Una gran cantidad de personas viven tratando de ser alguien que no son. Muchos escogen una carrera o vocación siguiendo la dirección de otros. Quizás lo hacen por agradar a sus padres, amigos, cónyuge o a muchas otras personas. Otros lo hacen al creerse acorralados por una necesidad.

"Todas las maravillas que buscas están dentro de tu propio ser"

— Sir Thomas Browne

El estudio de *"Career Direct"* comisionado por Crown reveló que si la persona sabe cuál es su personalidad, sus fortalezas, pasiones y valores, y está cómoda en vivir de una manera íntegra con esas cuatro dimensiones, esa persona está ubicada para alcanzar la excelencia en su vida.

Conocerse es el primer requisito para una vida satisfactoria y exitosa. ¿Por qué estoy tan seguro de eso? Porque nadie más puede identificar plenamente lo que solo tú sabes qué te satisface y hace feliz.

Cada persona es un ser único y especial, compuesto por su personalidad y una serie de habilidades, fortalezas, intereses, pasiones, creencias y valores que la caracterizan. Tú eres una persona única y tienes una combinación única de todos estos elementos.

"Tú hiciste todo mi ser, tanto mis sentimientos como mi cuerpo, desde que me hiciste tomar forma en el vientre de mi madre. Te agradezco porque me hiciste de una manera maravillosa; sé muy bien que tus obras son maravillosas."

— *Salmos 139: 13-14 PDT*

Fuiste maravillosamente creado y colocado en el mundo para cumplir un propósito. Cada uno de los componentes que te hacen ser la persona que eres, son elementos indispensables para poder cumplir tu propósito. ¿Los conoces?

Comienza por preguntarte:

1. ¿Cómo me veo? Tu autoimagen siempre va a ser el límite de qué tan alto puedas llegar. Nunca vas a alcanzar algo que tú no te creas capaz y merecedor de lograr. Si tú no te valoras altamente, no vas a invertir en tu crecimiento.

2. ¿Por qué soy como soy? Tu personalidad determina cómo respondes a muchas situaciones en la vida. Por ejemplo: al estrés, las deudas, tu jefe, el descanso, las relaciones con otros, etc. Una de las maneras más precisas pero simples que puedes

usar para identificar tu personalidad es basada en el modelo DISC. Este modelo representa cuatro perfiles de personalidad básicos los cuales son: Director, Interactivo, Solidario y Convencional. Si necesitas ayuda no dudes en buscar a un coach de Crown que esté familiarizado con este concepto.

3. ¿Qué es aquello que hago muy bien, por lo que incluso me felicitan? Estas son las fortalezas personales que te ayudarán a trabajar y desarrollarte en el ámbito profesional y laboral. Cuando te enfocas en tus fortalezas produces los mejores resultados.

4. ¿Cuáles son mis prioridades? Es importante conocer tus prioridades para estructurar tu vida alrededor de ellas. Lograr tus metas pasando por encima de tus prioridades te llevará a vivir una vida vacía.

5. ¿Cuáles son mis valores? Al igual que tus prioridades, los valores son un *límite* que debes respetar en el proceso de crecimiento. Si no los respetas, te sentirás culpable de no estar en integridad contigo mismo y lo que más valoras.

6. ¿Qué es lo que me apasiona? Todos tenemos muchas áreas de interés en nuestras vidas, pero tienes que enfocarte en identificar lo que verdaderamente te apasiona. Esto lo hablamos en el Paso 1, pero quiero enfatizar que cuando

operas en tu área de pasión, vas a recibir la mayor recompensa.

¿Cuáles son mis sueños? Esto ya lo cubrimos en el Paso 2, pero amerita una breve mención aquí. Vivimos en una época en la que parece que soñar es algo pasado de moda, pero son tus sueños los que te llevarán a alcanzar grandes logros y a avanzar en tu vida.

"Se tu mismo, todos los demás ya están ocupados."

— Oscar Wilde

Ejercicio : Conócete - *¿Quién soy?*

1. ¿Cómo me veo (autoimagen)?

_____

_____

_____

_____

_____

2. ¿Cómo es mi personalidad?

_____

_____

_____

_____

_____

3. ¿Qué es aquello que hago muy bien, por lo que incluso me felicitan (mis fortalezas)?

_____

_____

_____

_____

_____

4. ¿Cuáles son mis prioridades?

_____

_____

_____

_____

_____

5. ¿Cuáles son mis valores?

_____

_____

_____

_____

6. ¿Qué es lo que me apasiona?

_____

_____

_____

_____

7. ¿Cuáles son mis sueños?

_____

_____

_____

_____

"*Hasta que el inconsciente no se haga consciente,
el subconsciente dirigirá tu vida y tú le
llamaras destino.*"
— **Carl Jung**

PASO 5: REVISA TU ACTITUD

¿Hacia dónde me dirige mi actitud?

Por casi dos décadas ocupé puestos gerenciales en la industria del petróleo. Tuve la oportunidad de supervisar a muchas personas en esos años y como habría de esperarse, hubo ocasiones que tuve que confrontar a un empleado que daba bajo rendimiento. La mayoría del tiempo los empleados corrigieron el desempeño de sus funciones, pero en algunas ocasiones tuve que enfrentar la difícil tarea de despedir a algunos de ellos.

Sin duda alguna, te puedo compartir que usualmente las personas que terminaron sin empleo fueron las que tenían mala actitud y cuando se iban de la empresa, se respiraba un aire más saludable en la organización. Quizás tú hayas estado cerca de alguna situación similar en tu trabajo y haz comprobado que cuando la persona con mala actitud se va, hay más tranquilidad y alegría en el equipo.

Durante mis últimos años como ejecutivo en una empresa global, tuve la oportunidad de observar e influir en la carrera de cientos de personas. De la misma manera puedo decirte que las personas con una buena actitud generalmente son los candidatos mayormente considerados para los mejores trabajos, los mejores sueldos y las mejores oportunidades.

"Soy un optimista. No merece la pena ser cualquier otra cosa."

— Winston Churchill.

¿Sabías que tus resultados actuales están altamente determinados por tu propia actitud? En realidad, la actitud es el factor que más influye en el éxito o fracaso de las personas. Muchas personas creen ser víctimas de las circunstancias pensando que elementos externos provocan que se encuentren en la situación en que se hallan. Pero la realidad de la vida es que eres tú mismo quien determina tus resultados a través de la actitud que presentas ante las diversas situaciones que encuentras en la vida.

Hemos escuchado miles de veces que debemos cuidar de nuestra actitud. La pregunta es, ¿Cómo? Para responder a esta pregunta debemos comenzar por el principio, ¿qué es la actitud?

Es interesante que la mayoría de personas no saben qué es en realidad la actitud. Ciertamente saben reconocer la actitud de una persona, especialmente si es una mala actitud. Pero la definición no la saben.

Tu actitud es la combinación de TUS pensamientos, sentimientos y acciones. Como podrás darte cuenta, tú y solo tú eres dueño de tus pensamientos, sentimientos y acciones, y por lo tanto, de tus resultados.

Nota que la actitud es el epicentro de nuestros resultados. Entonces, lo lógico y prudente es comenzar a trabajar en desarrollar una actitud que vaya de acuerdo a lo que queremos lograr en la vida. Sé valiente y comienza a analizar tu actitud actual.

> *"No pienso en todas las desgracias, sino en toda la belleza que aún permanece."*
>
> *– Anne Frank.*

La actitud puede ser influenciada para bien o para mal por tus pensamientos. Todo empieza allí, en tus pensamientos. La mente está compuesta de dos partes, la mente consciente y la subconsciente.

Cuando tomamos la decisión de mejorar, lo hacemos con la mente consciente. Pero lo que muchas personas no saben es que la mente subconsciente juega un papel muy importante en permitir si verdaderamente mejoramos o no. Lamentablemente lo que está grabado en la mente subconsciente está oculto de nosotros. He allí la razón por la que se llama subconsciente.

Tienes que identificar los paradigmas que operan en tu vida. Esos paradigmas son una combinación de hábitos y creencias en tu mente subconsciente que determinan la manera que tú respondes a la vida. Son tu "piloto automático".

Carl Jung observó que: "Hasta que el inconsciente no se haga consciente, el subconsciente dirigirá tu vida y tú le llamarás destino." ¿Cuántas personas viven pensando que su destino es estar donde están, sin saber que pueden cambiar su vida al cambiar los paradigmas grabados en su mente subconsciente?

"Hasta que el inconsciente no se haga consciente,
el subconsciente dirigirá tu vida y tú le llamaras
destino."

– Carl Jung

Esos hábitos y creencias operan de una manera subconsciente mandando señales a tu cuerpo para que sienta ciertas emociones basadas en circunstancias externas y que responda con ciertas acciones que producen resultados buenos o malos. Ahora tienes la oportunidad de reconocer las creencias y hábitos que te impiden cambiar e interrumpirlas para que no limiten tu crecimiento.

Para poder mejorar tu actitud, y por lo tanto tu vida, tienes que aprender a reconocer lo que está operando de una manera consciente e inconsciente en ti. Consulta con personas que te respetan y están interesadas en tu éxito y haz preguntas tales como:

1. ¿Qué es aquello que admiran en ti?

2. ¿Qué cualidades de carácter posees?

3. ¿Qué cosas haces bien que debes continuar haciendo?

4. ¿Cuáles son algunas debilidades que debes superar?

5. ¿Qué actividades nuevas deberías incorporar para mejorar en tu vida?

Otro mecanismo que puedes usar para pedir retroalimentación a personas alrededor tuyo es una evaluación de 360 grados. Muchas veces las personas no se atreven a decirnos algo que debemos escuchar y que quizás no queramos escuchar. A través de una evaluación de 360 grados, las personas alrededor tuyo participan en una encuesta anónima donde te evalúan en varias dimensiones y comparten contigo lo que haces bien y lo que puedes mejorar.

Los resultados de estas evaluaciones de 360 grados son muy reveladores. Te motivo a que consideres participar en una de ellas por lo menos cada 2-3 años. Consulta con un coach para saber cómo realizar una evaluación de 360 grados.

Ejercicio: Revisa Tu Actitud - *¿Hacia dónde me dirige mi actitud?*

Pide a tres amigos de confianza que respondan las siguientes preguntas:

1. ¿Qué es aquello que admiras en mí?

   _____

   _____

   _____

   _____

   _____

2. ¿Qué cualidades de carácter puedes ver en mí?

   _____

   _____

   _____

   _____

   _____

3. ¿Qué cosas hago bien que debo continuar haciendo?

   _____

   _____

   _____

   _____

4. ¿Cuáles son algunas debilidades que debo superar?

_____

_____

_____

_____

_____

5. ¿Qué actividades nuevas debo incorporar para mejorar mi vida?

_____

_____

_____

_____

_____

En base a las respuestas anteriores identifica:

A. ¿Qué aspectos positivos he descubierto que no sabía que tenía?

_____

_____

_____

_____

_____

_____

B. ¿Qué áreas de crecimiento he identificado?

_____

_____

_____

_____

_____

_____

"Como un hombre piensa,
así es el."

— James Allen

PASO 6: PIENSA HACIA ADELANTE

Escojo una nueva forma de pensar

Hace años escuché de un señor al que le regalaron un auto nuevo. Al principio estaba muy contento. Lo podías ver con una sonrisa de lado a lado porque este regalo era algo especial. Unas cuantas horas después se le encontró muy serio. "¿Qué le pasa?", le preguntaron. Él simplemente contestó: "Estoy arruinado".

Quizás te preguntes cómo puede ser posible que en el lapso de unas cuantas horas alguien pueda ir de ser una persona feliz y bendecida a una persona arruinada y sin futuro. Este caballero empezó con pensamientos optimistas después de recibir el regalo. Se sentía muy rico y bendecido. Pero de repente llego a su mente el pensamiento de que al tener más posesiones de valor iba a tener que pagar más impuestos al gobierno.

Como no tenía suficiente dinero para pagar los impuestos y otros gastos que surgieran, tendría que vender su auto para hacer los pagos. Al vender su auto iba a terminar peor que donde empezó. Además sus gastos médicos iban a aumentar conforme pasara el tiempo y tampoco le iba a alcanzar el dinero para pagar sus medicinas. Para poder pagar los gastos médicos y medicinas iba a terminar vendiendo su casa.

En fin, un pensamiento condujo a otro de una manera acelerada y en su mente, él terminó sin auto, sin casa y en bancarrota a raíz del regalo de un carro nuevo. El famoso dramaturgo Víctor Hugo dijo: "Se puede resistir una invasión de ejércitos, pero no una invasión de ideas". Eso fue precisamente lo que pasó con este hombre. Una serie de pensamientos negativos invadieron su mente hasta el punto de derrotarlo y dejarle con la impresión que su futuro no era alentador, y era mejor no aceptar el regalo.

> *"Se puede resistir una invasión de ejércitos, pero no una invasión de ideas."*
>
> *— Víctor Hugo*

Nadie está exento de este tipo de invasión de ideas. ¿Te has detenido a analizar los patrones de tus pensamientos? ¿En dónde se originaron los pensamientos y creencias que tienes?

Nuestra manera de pensar tiene que ser orientada al crecimiento—a hacer, tener y ser más. Y cuando iniciamos este camino de crecimiento intencional, frecuentemente nos encontramos con un obstáculo muy común, la tendencia a pensar al revés. Esto significa que dejamos de avanzar porque definimos nuestras posibilidades y capacidades en base a lo que hemos hecho en el pasado.

Este tipo de pensamiento nos afecta de dos formas:

1. Nos conduce a pensar que sólo somos capaces de lograr cosas similares a las que hemos hecho en el pasado. Este pensamiento en reversa nos dice algo así: "Eso no lo puedes hacer porque nunca lo has hecho".

   Déjame decirte que la única forma de lograr cosas que nunca has hecho, es haciendo cosas que nunca has hecho. Desde luego siempre hay una primera vez y al lanzarnos a ese mundo desconocido experimentaremos miedo y fracaso, pero por otro lado, experimentaremos un gran crecimiento que nos permitirá darnos cuenta que sí podemos lograr nuevos éxitos.

2. Otro error del pensamiento en reversa es basarse en sus resultados actuales para determinar su futuro. Quizás tu pienses:

   • "Pero si yo nunca he logrado nada interesante".

   • "Toda la vida he sido un fracaso".

   • "Siempre he sido una persona promedio".

En este punto es importante que comprendas que al tomar responsabilidad de tu vida y tus pensamientos estás convirtiéndote en una persona nueva que no se puede medir con la vara del pasado. Es importante reconocer que la invasión de ideas también funciona con ideas y pensamientos positivos. Tú puedes dirigir tus pensamientos para que te ayuden a ganar y no perder.

"Como un hombre piensa, así es el."

— James Allen

James Allen reconoció estos principios cuando escribió su famoso libro "Como Un Hombre Piensa". Si tus pensamientos están orientados al fracaso, a la escasez o simplemente a las cosas negativas, esos pensamientos causarán que percibas que la vida únicamente está llena de cosas malas. Lo interno entonces se manifiesta externamente.

Se ha dicho que todas las cosas se crean dos veces, primero en tu mente y segundo en el mundo físico. Debes llenar tu mente de pensamientos creativos que manifiesten la posibilidad de realizarse. Debes verte con las mismas características creativas que Dios puso en ti al hacerte a su imagen y semejanza. Al verte como cocreador, te darás cuenta que la vida no te debe pasar a ti sino que tú le debes pasar a la vida.

También debes crear un entorno de éxito. Es tu responsabilidad crear el ambiente propicio para lograr el éxito. No es la responsabilidad de tu jefe, cónyuge, padres o amigos.

Se cuenta que cuando pones a un cangrejo en una cubeta tienes que tapar la cubeta para que no se escape. Pero si pones a dos cangrejos en la cubeta entonces no tienes que taparla porque ellos se van a jalar el uno al otro para no dejar que ninguno escape. Quizás estés en un ambiente como esa cubeta donde ni tú ni otros puedan superarse. Déjame decirte que tú puedes tomar la decisión de cambiar de ambiente.

Busca rodearte de personas optimistas que sí crean en ti y estén dispuestas a ayudarte a crecer. Tú puedes ser la persona que habilite a otros a alcanzar sus sueños. Zig Ziglar dijo que si ayudas a muchas personas a alcanzar lo que buscan, ellas te ayudarán a alcanzar lo que tú buscas. Empieza hoy cambiando tus pensamientos y orientándolos a pensar positiva y abundantemente.

"Tendrás lo que quieres en la vida si ayudas a los demás a tener lo que ellos quieren."

– Zig Ziglar

Debo aclararte que llenar tu mente de estos buenos pensamientos no significa que el temor al cambio y lo nuevo no va a venir. Claro que el temor va a venir. Todos lo experimentamos. Pero lo que importa es que avances aun con el temor.

Actuar con valentía no significa que no tengas temor. El coraje se manifiesta cuando sabes que tienes que actuar aunque los sentimientos de temor estén presentes. Tu sueño vale la pena. No te rindas ante el temor. Recuerda que para lograr grandes victorias tienes que pelear grandes batallas. Tú fuiste creado con el propósito de lograr la victoria que buscas y estás perfectamente equipado para lograrlo.

Haz un inventario de los recursos que ya tienes y no te enfoques en lo que no tienes. Piensa creativamente en cómo puedes maximizar esos recursos y toma el primer paso hacia la dirección de tu destino sin preocuparte de cómo y cuándo vas a tomar el segundo, el tercero y los subsecuentes pasos. Cuando tomes el primer paso se te abrirá la vista para reconocer el que sigue.

Las águilas enseñan a sus bebés a volar lanzándolos al precipicio para que empiecen a estirar sus alas y finalmente vuelen. De la misma manera lánzate con temor, extiende tus alas en picada y a su debido tiempo te verás volando tan alto como las águilas.

Ejercicio: Piensa Hacia Adelante – *Escojo Una Nueva Forma de Pensar*

Hazlo Con Miedo

Estoy dispuesto a dar los primeros pasos hacia una nueva vida y enfrentar los miedos que siempre me han detenido. De hoy en adelante seré una persona…. (Enumera las características que quieres tener en tu nueva vida):

1. _____

_____

2. _____

_____

3. _____

_____

4. _____

_____

5. _____

_____

6. _____

_____

7. _____

_____

8. _____

_____

9. _____

_____

10. _____

_____

Describe lo que vas a hacer para maximizar esos recursos en el entorno propicio:

_____

_____

_____

_____

_____

_____

_____

"*Para alcanzar nuestro potencial debemos alinear nuestro propósito y nuestra pasión con un plan para manifestarlos*"
— **Scott Fay**

PASO 7: TRAZA EL PLAN

Selecciono metas que cumplen mi visión y propósito

Mi amigo y mentor Scott Fay, Vice-Presidente del John Maxwell Team, dice en su libro *"Descubre Tu Punto Óptimo ('Discover Your Sweet Spot')"* que para alcanzar nuestro potencial debemos alinear nuestro propósito y nuestra pasión con un plan para manifestarlos.

Hemos trazado los lineamientos de un crecimiento intencional. Para ver los frutos de lo que hemos trabajado es necesario que traslades tu visión a un plan de metas. Las metas son hitos en el camino que nos permiten ver nuestro avance.

Es difícil de creer pero se dice que sólo el 13 % de la población tiene metas definidas. No sorprende entonces que solo un pequeño porcentaje de la población se considere exitoso.

Es importante comprender que el propósito de la meta no es lograrla. El verdadero beneficio es el proceso de crecimiento que ha habido en ti al esforzarte para alcanzar la meta.

Una meta que sea lo suficientemente grande para retarte te hará enfrentarte a tus propios miedos y estirarte al máximo para desarrollar nuevas destrezas y habilidades. Esto te ayudará a crecer en una nueva actitud de madurez y persistencia.

Sin embargo, es importante tener claro que al fijarse una meta, se debe seguir un proceso para lograrla. Ignorar este hecho hace que muchas personas se desanimen y se den por vencidas.

Considera que una pequeña semilla que se siembra, debe pasar un tiempo, recibir cuidado y recursos para germinar una pequeña plantita, y aún más tiempo para ser un frondoso árbol. De igual manera parte del logro de las metas es desarrollar la disciplina mental a largo plazo para comprender y aceptar este proceso.

Todo lo que hemos cubierto hasta este punto debe ser considerado para crear tu ruta hacia el éxito. Al tener claridad de tu propósito y la visión de lo que quieres lograr, puedes identificar metas a largo plazo que te lleven a lograr tu visión. No te preocupes si hoy no tienes los recursos o el conocimiento para llegar allí. Solo marca ese punto de destino como la meta a la que quieres llegar.

> *"Apunta a la luna. Incluso si fallas, aterrizarás en las estrellas."*
>
> — *Les Brown*

Ahora pregúntate, si eso es lo que quieres lograr a largo plazo, ¿qué tipo de metas u objetivos tendrías que lograr a mediano plazo para alcanzar el objetivo final? Finalmente, al haber establecido metas a mediano plazo, pregúntate: ¿qué metas tendrías que ponerte a corto plazo que te den una mejor idea de que sí estás avanzando gradualmente en la dirección correcta?

En otras palabras, no empieces trazando primero las metas de corto plazo para luego llegar a las de largo plazo. Como Stephen Covey estableció, empieza siempre con una visión en perspectiva del fin que quieres lograr, trazando primero las metas de largo y mediano plazo, y por último las de corto plazo.

No importa hoy si las metas a largo plazo no parecen ser tan realistas. Lo que importa es que empieces creando tu mapa con la ruta para moverte en la dirección correcta. Conforme vayas avanzando te darás cuenta que quizás tengas que hacer algunos ajustes intermedios, pero tu destino final sigue siendo claro. Esas correcciones son de esperar. Solo sigue adelante siendo intencional en seguir el proceso.

El trazar metas no es algo que se hace solo una vez y ya no lo vuelves a revisar. Si vas manejando por una carretera y encuentras que el camino principal está cerrado debido a reparaciones, lo ideal sería que sacaras tu mapa y reevaluaras las opciones que tienes para ajustar la ruta, pero siempre en dirección al mismo lugar. Que el camino principal esté cerrado no significa que vas a detenerte allí indefinidamente o que cambies de opinión y mejor vayas a otra parte. Si verdaderamente quieres llegar al objetivo final y encuentras barreras que te desvíen, entonces ajusta la ruta y continúa intencionalmente buscando opciones que te posicionen en la dirección correcta y repetirás esta acción cada vez que encuentras que el camino está cerrado.

El proceso de lograr metas también requiere que tengas la disciplina de monitorear tu progreso en la ruta. Tu plan de éxito requiere que estés al pendiente regularmente de todas las áreas que pueden ayudarte o limitarte a avanzar. Te recomiendo que monitorees tu progreso por lo menos una vez al mes. Además, debes tener la disciplina de evaluar si tienes los recursos necesarios para proceder para que no te quedes a medio camino sin la gasolina para continuar.

"Establecer metas es el primer paso en volver lo invisible en visible."

— Anthony Robbins.

Por último quiero enfatizar una técnica para establecer metas que puede ser la pauta que haga la diferencia en tu vida. Debes establecer metas inteligentes (SMART por sus siglas en inglés):

El acróstico SMART indica que las metas deben ser:

1. Específicas(Specific)

2. Medibles (Measurable)

3. Realizables (Achievable)

4. Relevantes (Relevant)

5. Con un plazo de tiempo (Time-bound).

Por ejemplo, muchas personas quieren perder peso, pero nunca lo hacen porque definen su meta en forma muy vaga: "Quiero adelgazar".

Para lograr esta meta, debes establecer cuántos kilos vas a perder. De esta manera tu meta es específica y medible. Para hacerla relevante debes encontrar una razón fuerte que te motive a realizar la meta. Si no puedes identificar una verdadera razón, no tendrás la voluntad necesaria para llevarla a cabo. Un ejemplo sería: Esta meta es relevante porque si pierdo peso estaré más saludable y podré jugar más con mis hijos.

Para hacer tu meta realizable tendrías que establecer un plazo razonable. No se puede realísticamente, perder 24 kilos en una semana, pero si lo puedes lograr en un año.

He aquí la oportunidad de poner plazos de tiempo. Para asegurarte que estás avanzando en la dirección correcta, puedes establecer que vas a perder 6 kilos por trimestre. Si al final del primer mes solo perdiste 1 kilo, tienes que hacer ajustes a tu plan para recuperar el tiempo en el segundo y tercer mes, y así poder alcanzar tu objetivo a 6 y 12 meses.

De la misma manera debes identificar tus objetivos a largo plazo. Por ejemplo, puedes decir que en 15 años quieres tener tu casa pagada y un auto nuevo. ¿Cuáles serían las metas a largo, mediano y corto plazo? Dependiendo de las cantidades financieras que esos objetivos representen, quizás concluyas al seguir el proceso inteligente—SMART— que debes ahorrar a partir de hoy el 50% de tu salario. Entonces podrás evaluar, desde diferentes perspectivas, si es realista ahorrar el 50% de tu sueldo por los siguientes 15 años. Quizás debas ajustar el objetivo final o imaginar cómo conseguir más recursos para lograrlo (tener un trabajo adicional de medio tiempo en las noches o fines de semana, por ejemplo).

"La gente con metas triunfan porque saben a dónde van."

— Earl Nightingale.

Esta es una representación del proceso de una manera simple. Tu vida, propósito y metas pueden ser más complejas. No te abrumes tratando de crear un plan para todas las áreas de tu vida. Empieza con un área simple y familiarízate con el proceso. Cuando estés más cómodo con él, incorpora a una segunda o tercer área. El punto es que empieces y no te desanimes si es difícil al principio. Sigue adelante con disciplina y determinación hasta que este proceso de planear tu vida sea algo natural.

Recuerda que cambiar tu vida no se logra en un día, sino diariamente por el resto de tu vida. ¡Ánimo y sigue adelante!

Ejercicio: Traza El Plan - *Selecciono metas que cumplen mi plan y propósito*

Escoge un área de tu vida en la que quieras trabajar y para ella determina:

1. Mis metas a largo plazo son:

Puedes definir lo que largo plazo representa para tu vida. Puede ser 50, 20, 5 años o cualquier otro parámetro que represente largo plazo.

_____

_____

_____

_____

_____

_____

2. Mis metas a mediano plazo son:

Dependiendo del plazo que identificaste en el punto 1, identifica las metas a un plazo intermedio.

_____

_____

_____

_____

_____

_____

3. Mis metas a corto plazo son:

Estas metas son más inmediatas y pudieran ser a un año, a unos cuantos meses, semanas o días.

_____

_____

_____

_____

_____

_____

"Si uno avanza confiadamente en la dirección de sus sueños, y se esfuerza por vivir la vida que ha imaginado, se encontrará con un éxito inesperado en algún momento."

– Henry David Thoreau

CONCLUSIÓN

Conforme vayas alcanzando el éxito y logrando tus sueños, te darás cuenta que te hace falta algo más. Hay un nivel más allá del éxito y es una vida con significado. No se puede llegar a este último nivel a menos que ya hayas alcanzado el éxito personal.

Al haber alcanzado el éxito, reconocerás que hay mayor gozo en ayudar a los demás a alcanzar sus propios sueños y guiarles a crear un camino que puedan seguir para replicar tu éxito. Esto no significa que las otras personas tienen que tener tu mismo propósito. Más bien significa que tú les ayudes a descubrir su propósito y alcanzarlo.

Martin Luther King Jr. dijo que todos pueden llegar a ser grandes porque todos pueden servir a los demás. Ese nivel de grandeza no se alcanza con títulos universitarios, riquezas y logros, sino sirviendo a los demás; viviendo nuestra vida de tal manera que nuestro ejemplo dirija a otras personas a alcanzar el éxito y significado. En otras palabras, debemos ser intencionales en crear día a día un legado positivo que se transfiera de generación a generación.

No esperes a que los tiempos sean mejores, a que tengas más recursos, o a que puedas ver con claridad todo el camino a seguir. Es muy probable que si haces eso nunca vas a tener el impacto que verdaderamente pudieses alcanzar. Se intencional y empieza hoy mismo. Cada día que vives es un regalo y una oportunidad nueva para que seas un catalizador de cambio transformando tu entorno y dejándolo mejor que como lo encontraste. ¡Crea tu legado desde ya!

"Uno es un número muy pequeño para lograr algo grande."

— John Maxwell

Y ese fue el tipo de impacto que Rick Husband tuvo en mi vida. Rick logró ser astronauta, pero más que eso, vivió el propósito para el cual fue creado y dejó un gran legado en cada persona que lo conoció.

Como mencioné al principio de este libro, después de más de dos décadas de preparación para ser admitido al programa espacial, Rick tomó el examen de admisión y para su sorpresa…lo reprobó. Ciertamente se desanimó, pero se motivó a sí mismo diciendo que no todos pasaban ese examen en el primer intento. Es por eso que les dan tres oportunidades de pasarlo.

Rick siguió estudiando y preparándose aún más para tomar el examen una segunda vez. Después de un tiempo él pensó que ya no había nada más que pudiera hacer y que esta vez sí iba a pasar el examen. Confiadamente tomo la prueba y se fue a casa a esperar la respuesta buscada. Días más tarde, la esperada carta llegó. Rick estaba listo para celebrar la victoria. Abrió la carta y…

Nuevamente Rick había reprobado el examen. Esta vez sí estaba preocupado. El sueño de toda su vida estaba en un gran riesgo. Rick no sabía que más hacer y recurrió a buscar la dirección de Dios.

Rick contó que algún tiempo después escuchó claramente la voz de Dios haciéndole una pregunta: "Rick, ¿cuál es tu propósito en la vida?" Inmediatamente Rick respondió: "Ser astronauta", y Dios no dijo nada más. Un poco después, oyó otra vez la voz de Dios, haciendo la misma pregunta: "Rick, ¿cuál es tu propósito en la vida?" y nuevamente Rick dijo sin dudarlo un instante: "Ser astronauta". Dios no respondió.

Días después, Rick escuchó a Dios claramente, haciendo la pregunta por tercera vez, "¿cuál es tu propósito en la vida?", pero esta vez Rick respondió de forma diferente. "Dios, tú sabes todo. Tú sabes que yo quiero ser astronauta, pero yo creo que tú me quieres revelar algo diferente". Dios le respondió con una pregunta nueva: "Rick, al final de tu vida, ¿cómo quieres que te recuerden? ¿Cómo el mejor astronauta?"

Al verlo de esa forma Rick pensó: "No, yo no quiero que me recuerden como el mejor astronauta. Yo quiero que me recuerden como el mejor esposo, el mejor padre y el mejor amigo". A lo cual Dios respondió: "Ese es tu propósito".

Rick comprendió que él tenía que vivir su vida de una manera que sus prioridades estuvieran en orden para poder crear el legado que él quería dejar y en lugar de vivir para ser astronauta, debería vivir para servir a los demás. Con ese ajuste de prioridades Rick tomó el examen una tercera vez y lo aprobó.

El primero de febrero de 2003, siendo comandante del transbordador espacial Columbia, el astronauta Rick Husband falleció cuando la nave se desintegró al entrar a la atmosfera terrestre. Fue una gran tragedia. Durante la ceremonia fúnebre miles de personas estábamos ahí reunidas para celebrar la vida de Rick y reconocerlo como el mejor esposo, el mejor padre y el mejor amigo…que además trabajaba como astronauta.

A través de Rick aprendí que no tenemos la vida garantizada. En el momento de su muerte, tenía solo 45 años, pero fue muy intencional en la manera en que los vivió. A esa edad no solo había logrado sus sueños sino que había construido un legado viviendo una vida con significado. En vida tocó, inspiró y ayudó a muchos de nosotros a tener mayor éxito y nos enseñó a ser intencionales en vivir sirviendo a los demás y a lograr el éxito juntos.

> *"Si uno avanza confiadamente en la dirección de sus sueños, y se esfuerza por vivir la vida que ha imaginado, se encontrará con un éxito inesperado en algún momento."*
>
> – Henry David Thoreau

Dios quiere que tengas éxito y alcances tus sueños. Él te creó con ese propósito y te equipó para lograrlo. Muévete confiadamente en esa dirección, pero no te olvides que el mayor nivel del éxito es ayudar a los demás a ganar contigo.

Días antes de su muerte, el Dr. Martin Luther King Jr. escribió estás inspiradoras palabras. Te las comparto con el anhelo de que toquen tu vida y te inspiren a ser todo lo que puedas ser, y al serlo, impactar positivamente tu mundo:

> *"Yo no quiero un funeral largo….Díganles que no mencionen que me gané el Premio Nobel de la Paz—eso no es importante. Díganles que no mencionen que tengo de 300 a 400 otros reconocimientos—eso no es importante. Díganles que no mencionen a que universidad asistí.*

Me gustaría que alguien mencione en ese día que Martin Luther King Jr. trató de vivir su vida sirviendo a otros… trató de amar a otros…que yo traté de amar y servir a la humanidad."

¡VALORA A LAS PERSONAS Y AÑADE VALOR A SUS VIDAS!

ACERCA DE LOS AUTORES

Jessica Calderón es conferencista, coach y entrenadora fundadora de Lidera y Transforma, empresa con sede en Honduras, Centro América, dedicada a servir en el desarrollo de líderes ejecutivos y empresarios. Jessica tiene una pasión por guiar líderes a brillar, y al hacerlo impactar a aquellos a quienes dirigen en una forma positiva.

Actualmente trabaja con ejecutivos, empresarios y jóvenes emprendedores guiándolos a desarrollar un liderazgo centrado en valores, a vivir una vida intencional y a sentar una base para el crecimiento personal y financiero basado en ética y responsabilidad social.

Tiene 15 años de experiencia ejecutiva y de desarrollo de personas, en la industria de la educación universitaria, al trabajar en UNITEC, lo que le ha permitido desarrollar una perspectiva amplia de los factores en que deben centrarse los líderes para tener éxito personal y profesional. Actualmente es directora del programa de radio: Líderes que Transforman en su país. Felizmente casada con Gustavo y madre de dos guapos varones.

Rodolfo (Rudy) López es el fundador de Katapult Leadership Associates, una firma de entrenamiento y consultoría para líderes y empresarios con sede en Houston, Texas. Con más de 20 años de experiencia en diversos puestos de influencia y alto mando en la industria petrolera en empresas como Chevron, CITGO Petroleum, y LyondellBasell, Rudy ha desarrollado una perspectiva global de las mejores prácticas que posicionan a las empresas y organizaciones para un rendimiento de nivel mundial.

Como socio fundador de El Equipo de John Maxwell (The John Maxwell Team), Rudy ha tenido la oportunidad de dirigirse a audiencias en empresas, gobiernos, y organizaciones no lucrativas en los Estados Unidos, América Latina, y África.

Rudy es impulsado por su pasión por ayudar a líderes a mejorar su eficacia y lograr un balance personal. Su trabajo le ha permitido equipar a líderes en una amplia gama de temas como liderazgo basado en valores, visión y propósito, desarrollo personal, y la excelencia operacional.

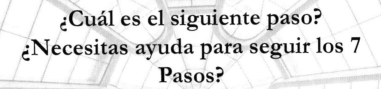

¿Cuál es el siguiente paso? ¿Necesitas ayuda para seguir los 7 Pasos?

Si te gustaría que Jessica y Rudy te ayuden para identificar tu norte y ponerte en marcha, no dudes en comunicarte con nosotros. Imagínate los resultados que puedes alcanzar siguiendo el programa de coaching creado por Jessica y Rudy para guiar a personas como tú a alcanzar su potencial.

Contáctanos en
www.liderazgotransformador.com

¿Quieres traer a Jessica o Rudy a tu conferencia, negocio u organización?

Nosotros sabemos la importancia de escoger a un conferencista y comunicador correcto. Tu evento es demasiado importante y sólo la persona indicada creará una plataforma de éxito. Jessica y Rudy han ayudado a miles de personas a aplicar las estrategias de éxito presentadas con un estilo auténtico, ameno, y lleno de energía y pasión. Imagínate los resultados que tu empresa, organización, o equipo pueden alcanzar al posicionarse para alcanzar su potencial.

Contáctanos en
www.liderazgotransformador.com

¿Te gustaría ser parte del equipo de Jessica y Rudy?

Estamos creciendo y nos gustaría añadir a nuestro equipo personas con el perfil correcto para certificarlas en compartir nuestros programas con su audiencia y seguidores. Nuestro deseo es poder servir a líderes saludables que valoren a las personas, les añadan valor, y que multipliquen a líderes saludables.

Si tú crees que este es tu perfil y te interesaría aprender más de cómo trabajar con nosotros, contáctanos en info@liderazgotransformador.com

Made in the USA
Charleston, SC
13 March 2016